DISCIPLINA
CON
AMOR
Educar con límites

DISCIPLINA
CON
AMOR
Educar con límites

BAUDILIO MARTÍNEZ
Psicólogo. Profesor de Educación Básica

© Baudilio Martínez

ISBN 84-277-0735-5, edición original publicada por
©NARCEA, S.A. DE EDICIONES. Madrid, España.
Todos los derechos reservados en lengua española

Diagramación:
Mónica Gómez L.

Al cuidado de la edición:
Martha Cupa León
Martha E. Figueroa Gutiérrez

Producción:
Guillermo González Dorantes

©2002 ALFAOMEGA GRUPO EDITOR, S.A. de C.V.
Pitágoras 1139, Col. Del Valle, 03100 México, D.F.

Miembro de la Cámara Nacional de la Industria Editorial Mexicana
Registro No. 2317

Internet: **http://www.alfaomega.com.mx**
Correo electrónico: **ventas1@alfaomega.com.mx**

ISBN 970-15-0700-2

Contenido

Introducción

La *confianza de los padres en su capacidad educativa,* es la mejor garantía de protección y apoyo hacia sus hijos. Sin embargo, esta confianza se quiebra con relativa frecuencia ante conductas inesperadas o que defraudan expectativas puestas en los hijos. Bien que el niño aparezca de forma duradera con una irritabilidad muy marcada o con actitudes que muestren gran pasividad y resistencia ante las demandas de los adultos, o bien que en suma, exprese dificultades no toleradas en su ámbito familiar, lo cierto es que el malestar puede afectar a todo el grupo. No es extraño tampoco que el adulto se encuentre confundido por una mezcla de sensaciones de impotencia, dolor o mal humor.

Aunque en un plano superficial la reacción más común sea verbalizar el malestar dirigiéndose al niño con castigos, amenazas o muestras de hostilidad, en un plano más profundo aparece la duda.

Todos en alguna parte de nosotros mismos, albergamos dudas acerca de nuestra habilidad para educar adecuadamente. Por fortuna, si estas dudas son moderadas, aumentan la capacidad de comprensión hasta el punto de que espontáneamente sabemos qué conducta le conviene o puede tolerar el niño, sin graves inconvenientes; es decir, estimulan el desarrollo de una mayor sensibilidad en el trato y convivencia con el menor.

La duda moderada nos hace más flexibles para aprender de la experiencia y para compensar y reparar al niño frente a un trato inadecuado.

Sin embargo, cuando nos sentimos muy inseguros para educar, cualquier contratiempo despierta una gran ansiedad que da lugar a comportamientos que pueden ser muy diferentes pero que siempre demuestran poco sentido de realidad.

En unos casos se acentuará la rigidez y severidad, en otros prevalecerá una postura pasiva, algunos dejarán traslucir y comunicarán su propia inseguridad con actitudes inestables y cambiantes; por último, los sentimientos de culpa y pesar pueden incrementarse peligrosamente si las dificultades se acentúan. Llegados a este punto nos interesa introducir una breve reflexión sobre la relación educativa.

Todos estamos familiarizados con la idea, según la cual, la educación debe hacerse con amor y sin violencia. Tal es así que el viejo aforismo que dice «la letra con sangre entra» está desacreditado en toda la extensión, no sólo escolar, del hecho educativo. Como contrapunto, aparece el modelo de un ideal superelevado de educación. Si en otras épocas podía hacer fortuna la frase «meter en vereda» con claras resonancias de severidad y dureza, en nuestros días la educación se concibe más como la necesidad de que los padres estén disponibles para con sus hijos, que se muestren cordiales, relajados, dispuestos a ayudar ante cualquier dificultad, gratificantes, capaces de disuadir con palabras y razonamientos, que hayan renunciado a imponer nada por la fuerza y que sepan tener una conducta hogareña ejemplar. Confrontando la realidad cotidiana con tal modelo, se nos ocurre que para muchos ha de tener efectos probablemente abrumadores. Dudamos de su eficacia práctica, pues más que un apoyo o estímulo para educar bien, puede convertirse en una fuente de sentimientos de culpa que complique las relaciones con los niños.

La convivencia entre padres e hijos incluye obviamente un tipo de relaciones humanas con algunas características muy peculiares. De entre ellas resaltamos una: el amor y la dependencia que con distinto grado e intensidad existen entre unos y otros, crean o al menos deben crear, un *vínculo suficientemente sólido y seguro* que sobreviva a los múltiples conflictos que por fuerza han de darse. Gracias, precisamente, a la seguridad que proporciona la solidez del vínculo, es posible que se expresen contenidos no sólo de amor, sino de hostilidad, que se aprenden a manejar en forma constructiva. Afirmar, pues, que de la solución a los conflictos de la convivencia, con todo lo que ello implica, depende en buena medida la futura capacidad de socialización del niño, su aptitud para establecer relaciones humanas de calidad, e incluso la confianza y seguridad en sí mismo, a partir de un sentimiento básico de bondad y valía, no creemos que resulte excesivo.

Todo padre que actúe como tal tiene múltiples motivos para enojarse con sus hijos. A veces el enfado se mantiene en un plano verbal, de censura, amenaza o advertencia. En otras, la actuación consiste en privar al niño de algo, como consecuencia de su falta, se le impone determinada obligación, se restringe alguna de sus actividades, etc. También puede ocurrir que el suceso termine propinando la típica bofetada.

La ventaja del adulto es que siempre tiene la posibilidad de disfrazar su actitud hostil de medida educativa. Por ello, uno de los principales problemas que habremos de afrontar, es precisamente, el de establecer criterios para diferenciar cuándo la agresividad materializada en castigo o en hecho similar, cumple un fin estrictamente educativo o cuándo constituye una necesidad de expresión de los conflictos, tensiones o actitudes irracionales del propio adulto. Inevitablemente esto último sucede, lo cual en sí mismo no es necesariamente negativo. Primero porque nadie puede aspirar a tener unos padres perfectos. En segundo lugar porque dentro de unos límites, es un buen pretexto para aprender a aceptar dificultades en las relaciones humanas y saber, al menos, tolerarlas.

No pretendemos que los padres se acomoden a una determinada doctrina educativa. sino que en el ejercicio de su papel vayan *descubriendo aspectos de sí mismos* que les permitan tomar conciencia de sus partes infantiles y menos maduras o simplemente de sus afectos y rechazos.

Así por ejemplo, toda persona que es capaz de aceptar en ella una cierta agresividad moderada hacia sus hijos, les permitirá a su vez tolerar cantidades moderadas de agresividad hacia sus padres y además entenderla. El resultado de este planteamiento, es que la conducta de unos y otros será progresivamente más responsable. Estarán en mejores condiciones para asumir errores y efectos de su propia acción. La comunicación se hará más responsable y sincera o, si se quiere, menos contenida y racionalizada.

Unos padres ideales, aparte de no existir, no serían buenos padres. ¿De qué podría protestar el niño? ¿Ante quién habría de rebelarse? ¿Qué sentiría al contrariar a personas tan bondadosas? ¿Aprendería a defender sus derechos? ¿Sería tolerante o tirano? ¿Podría comprender las limitaciones propias y ajenas?, etc.

Así pues, hemos de aspirar, no tanto a ser, como padres, un modelo ideal como a ser lo suficientemente buenos para garantizar un proceso de maduración sin grandes sobresaltos.

Las *intenciones* fundamentales de este libro son:

- sugerir ideas desde las que cada uno pueda mejorar sus relaciones con los hijos,
- apoyar la necesaria confianza de los padres en su capacidad educativa,
- promover cierta inquietud para estimular la comprensión del niño, así como los motivos de nuestra propia conducta.

Por último, pensamos que los hijos no sólo captan aquello que les decimos expresamente, sino que intuyen lo que sentimos, de qué manera nos afectan sus propios temores y dificultades, cómo nos enfrentamos a la adversidad, hasta qué punto toleramos nuestras limitaciones, cómo en definitiva manejamos nuestro propio mundo interior, de qué recursos disponemos etc. Evidentemente esto no lo «piensan» pero lo interiorizan y convierten en acciones o inhibiciones que a veces nos resultan incomprensibles y, sobre todo, intolerables.

El punto de referencia básico desde el que haremos las principales reflexiones en torno a la relación padres-hijos, será precisamente el **castigo**, que, sin duda, tiene una gran resonancia emocional para todos.

Capítulo 1

El niño precisa figuras estables de autoridad

Nadie pone en duda que es preciso proteger al niño frente a posibles peligros que afecten su seguridad física. Ante tales riesgos todos actuamos con firmeza poniendo los límites precisos para prevenir un posible accidente. Pero incluso en este campo, los límites varían mucho de unas familias a otras. Hay quien vive sobresaltado ante cualquier indicio de accidente, reduciendo enormemente la autonomía del menor y quien, por el contrario, nos puede parecer despreocupado. Es evidente que la disposición interna a ver algún tipo de amenaza para la integridad física varía mucho. De ahí que encontremos una amplia diversidad de niños y adultos que va desde quienes son especialmente precavidos, prudentes y obedientes a normas y reglas de seguridad muy estrictas, hasta otros sumamente hábiles para maniobrar con audacia e incluso salir indemnes de situaciones comprometidas.

La riqueza de una sociedad se apoya, precisamente, en la multiplicidad de personalidades diferentes.

Sin embargo, insistimos, nadie es tan insensato que no proteja al niño de aquello que le parezca peligroso o inconveniente tanto para su salud física como para su evolución psicológica.

Necesidad de control

El niño puede sentirse irritado y tenso por muchos motivos. Si se dedica a sembrar el caos, romper o maltratar sus pertenencias o las ajenas, si se muestra desconsiderado con los demás perturbándoles insistentemente, si disfruta humillando a un hermano menor, etc., obviamente el adulto debe actuar con firmeza, como continente en estos momentos.

Es probable que el menor muestre su disconformidad o disgusto, pero es seguro que la actuación firme es lo que espera de sus padres. Está claro que él no se puede contener y se aliviará mucho si alguien le contiene. La autoridad aparece aquí como necesidad de control.

Efectos de la ausencia de autoridad

¿Qué podría ocurrir en el caso de que no existiera autoridad, bien por abandono, debilidad o cualquier otra causa?

La ausencia de autoridad impide aprender a controlar los impulsos.

Así, por ejemplo, cuando el niño se encuentra abatido, desanimado o aburrido, el apoyo del adulto le comunica la energía necesaria para salir del bache. Se da un proceso de identificación con la ilusión, vitalidad o fuerza que le tratan de infundir.

Pues bien, de igual manera, también se identifica con la agresividad de los padres para mantener controlados aquellos deseos que deterioran una situación. Se dice a sí mismo no, pero es preciso en muchas ocasiones la proximidad de un adulto que le ayude a mantener firme el *no*. Unos padres conscientes acuden en apoyo del hijo cuando éste naufraga en el control de sus impulsos. Esto, indudablemente, constituye una manera de dar seguridad y de reforzar la capacidad para poner límite a la destructividad que en ocasiones expresa el menor.

Por otra parte, el niño intenta por sí mismo mantener bajo control todas aquellas tendencias que son desaprobadas por sus padres. A veces consigue, sin apenas intervención de éstos, una conducta ejemplar. Sin embargo, en una observación más profunda advertimos que lo ha logrado mediante un esfuerzo de represión muy intenso y desproporcionado. Preocupado por el miedo a sentirse malo, inmoviliza buena parte de sus energías en contrarrestar algunos de sus deseos más inmediatos. Esto es la causa de que pierda espontaneidad, aparezca cansado y aburrido, muestre poca riqueza imaginativa en sus juegos, sea inhibido en su conducta, aunque eso sí, «muy responsable». Con ello queremos poner de manifiesto que la intervención firme del adulto en muchos casos no constituye algo negativo, sino necesario, pues de este modo se descarga al niño en parte del excesivo autocontrol y puede utilizar sus energías más libremente en el trabajo, el juego y las relaciones.

El hecho de que pueda dirigir agresividad hacia los padres en forma de protesta y que éstos la asuman y, sin embargo, no abdiquen en su papel de poner límites, ni amenacen con rupturas y abandonos, es bueno para unos y para otros. La agresividad se canaliza hacia un fin constructivo.

La actitud de excesiva indulgencia o muy permisiva lleva con frecuencia, por extraño que nos parezca, a exacerbar las exigencias morales del propio niño como defensa frente a su imperioso mundo interno o, en otros casos, incapacita para tolerar frustraciones. Los maestros tienen la experiencia de que los niños juzgan las faltas con mucha mayor severidad que los propios adultos. Necesitan poner barreras muy fuertes para mantener a raya deseos que sienten como muy intensos. La intervención de los adultos suaviza, pues, las exigencias morales, y por lo mismo las hace más tolerables.

Apoyo a la madre

Hemos afirmado que el niño necesita figuras de autoridad, en plural, no una figura de autoridad. El motivo de este plural es el siguiente. Dar amor y autoridad al mismo tiempo puede ser una carga muy pesada para una sola persona. Esto nos hace reparar en el enorme mérito que tienen las familias incompletas o aquellas en que un miembro de la pareja no está disponible para la tarea educativa por cuestiones laborales o enfermedad.

La costumbre, bastante extendida, de delegar en la madre los asuntos educativos no nos parece en absoluto afortunada.

Estabilidad de los padres

Otro aspecto o cualidad esencial que han de tener o conquistar progresivamente los padres en tanto que figuras de autoridad, es el de la estabilidad. Con ello no pretendemos, por supuesto, afirmar que tengan que estar en una disposición o estado de ánimo siempre igual, sin variaciones. Todos los adultos y también, aunque con mayor intensidad, los niños, tenemos días irresponsables. Por fortuna los adultos saben por experiencia cuál es su estado de ánimo, pueden anticipar los efectos del mismo, conocen mejor la duración aproximada de su malestar, y esto les permite tomar medidas para que no influya excesivamente en el resto de los miembros de la familia.

Cuando nos referimos a la estabilidad es en el sentido de que los cambios no sean muy frecuentes y sobre todo que no sean extremos y sin razones o causas aparentes que los hagan previsibles.

El tipo de conducta que más ansiedad crea en el niño es que el padre, por ejemplo, generalmente permisivo, de repente adopte actitudes violentas sin causa o motivo que las justifique. Es menos traumático un padre habitualmente violento e intransigente que otro generalmente tolerante y que se transforma en su opuesto inesperadamente. Ante el primero, el niño, termina habituándose y creando sus defensas. El segundo, por lo imprevisto y rápido de sus cambios es quien más profundamente desorganiza.

La falta de estabilidad afecta muy directamente a la aplicación de las normas de conducta. Si lo que en ocasiones es *sí* y en otras similares, es no, estaremos propiciando una conciencia moral llena de agujeros que difícilmente puede defender al niño de la búsqueda de

satisfacciones inmediatas, por lo cual queda a merced de
sus impulsos y encuentra grandes dificultades para man-
tenerlos a distancia cuando interfieran algún tipo de
tarea o situación de convivencia.

Consideramos de suma importancia para la estabilidad psíquica de los hijos que se enfrenten con un
mundo previsible. Precisamente y en relación con este
aspecto que favorece el establecimiento de la capacidad
anticipatoria, de importancia vital para todo el proceso
adaptativo, llamamos la atención acerca del significado
que tiene una cierta rutina en el proceso educativo. Es a
lo que se llama habitualmente también, *vida ordenada*.

Muchos padres tienen la experiencia de cómo cuando
se trastoca el horario y los hábitos corrientes, se compli-
can las relaciones con el menor. Lógicamente cuanto
más pequeño, más sensible se muestra a los cambios en
la rutina diaria. El establecimiento de cierta disciplina
horaria en torno a la cual se organiza la vida, favorece la
fijación de hábitos de conducta y libera energías más
útiles en otro tipo de actividades, que en vencer resistencias frente a las tareas u obligaciones.

Estabilidad de normas

En la práctica cotidiana de las relaciones paterno-
filiales, existen bastantes dificultades para hacer realidad
la estabilidad de las normas de conducta. Veamos algunas de ellas.

Sucede, a veces, que no hay acuerdo en la aplicación
de reglas entre los distintos miembros del grupo familiar.

Entendemos que es normal, el que haya distinta sensibilidad entre el padre y la madre, y no digamos con respecto
a los abuelos y que estas diferencias cumplan una función
incluso positiva porque permiten al niño confrontar, reco-

nocer el carácter personal de cada uno, lo cual ayuda a tolerar un mundo que realmente no es uniforme.

Sin embargo, cuando el *desacuerdo es marcado y sistemático* tiene repercusiones negativas. Puede ocurrir hasta que las disputas de la pareja se diriman en el campo de la educación de los niños, sometiendo a éstos a medidas contrapuestas y desautorizándose mutuamente. Es lógico que los conflictos de lealtades, la ansiedad por sentirse causa de los enfrentamientos, la inseguridad por la amenaza de ruptura etc., abruman al niño.

Otro tipo de problemas que tiene su origen en la aplicación de las normas, es que algunos padres sufren mucho y se sienten incapaces cuando tienen que frustrar o contrariar al hijo.

Así por ejemplo les cuesta recordarle que es la hora de irse a la cama, o calmar el juego cuando observan que se está excitando en exceso o limitar adquisiciones ante la insaciable voracidad del menor etc.

Lo más común es que el niño oponga serias resistencias a los intentos de ponerle límites. En esta situación, pues, el conflicto es inevitable. El eco o resonancia que tal tipo de conflicto evoque en los padres dará lugar a distintas clases de comportamiento.

Para algunos resulta especialmente penoso frustrar al hijo. Se identifican de un modo intenso con su dolor y con sus deseos y no encuentran de dónde sacar fuerzas para oponerse a sus exigencias.

Es probable que justifiquen su actitud suponiendo que cualquier privación impuesta es necesariamente mala. De ahí que se sometan con facilidad a sus hijos y se dejen manipular por ellos.

Otros, al verse confrontados y quizás poco seguros acerca de sus sentimientos, o sea, de su propia capacidad para amar, aceptarán indiscriminadamente los requerimientos infantiles como medio para confirmar su tolerancia, disposición para la renuncia y en definitiva amor.

No es extraño encontrarse con quienes, educados en un ambiente muy restrictivo y severo, se vengan inconscientemente de tal tipo de educación actuando ellos mismos con excesiva tolerancia.

En el extremo contrario podemos observar posiciones educativas que hacen imposible la expresión de cualquier tipo de conflicto. Esto se consigue, obviamente, llevando a la práctica la imposición de normas de conducta consideradas como indiscutibles, inmutables y rígidamente aplicadas.

Debemos añadir algunos comentarios para abundar en la problemática de la aplicación de normas. Pensamos que la creación de un marco fuera del cual esté lo prohibido, es de sentido común. Ayudará enormemente al niño en la adquisición de una indispensable disciplina, a desarrollar aptitudes para ponerse él mismo límite, a tolerar frustraciones, a manejarse en un mundo más seguro porque tiene claro lo que puede o no puede hacer, a relacionarse de forma socialmente aceptada e incluso a sentir el deseo de ser mayor, motor imprescindible para hacer adquisiciones, pues en su fantasía ser mayor equivale a tener acceso a todo aquello que le falta.

En estas situaciones de conflicto y confrontación podrá sentir hostilidad y por lo mismo habrá de afrontar sentimientos contradictorios de amor y hostilidad en un ambiente seguro, es decir, en su ambiente familiar. Esto le facilitará a su vez la práctica necesaria para tolerar esos mismos sentimientos en los demás sin demasiada angustia.

En muchos casos su incipiente rebelión le ayudará a introducir modificaciones en el medio. Conseguirá influir en los demás.

En tanto que el niño tiene éxito en su capacidad de persuasión, porque existen actitudes receptivas en su entorno, construye respuestas más elaboradas y confía menos en la necesidad de conseguir algo por medios violentos o inaceptables. Asimismo, se siente agente de cambios, se siente en definitiva sujeto.

En otros casos, por el contrario, aprenderá a tomar conciencia de dónde están los límites y por lo mismo a buscar satisfacciones sustitutivas y socialmente aceptables.

No obstante, hemos de tener en cuenta, que el establecimiento de normas de conducta, no es ni debe ser algo ajeno al eco o resonancia emocional que la conducta de los hijos despierte en los padres. De lo contrario, estarían transmitiendo algo de modo impersonal, y esto es la mejor manera de evitar el diálogo y el consiguiente conflicto.

El hecho de que los padres se identifiquen parcialmente con los deseos de sus hijos, es un buen punto de partida para comprenderles.

Así, por ejemplo, una madre que perciba las ansiedades y los sentimientos que invaden a su hijo antes de irse a la cama, probablemente se sentirá predispuesta a calmarle, tranquilizarle, tolerará mejor los rituales que suelen preceder al hecho de acostarse etc., sin por ello sucumbir a las resistencias del niño. Sin embargo, otra que sienta la separación como una crueldad impuesta, se llenará de culpa y ansiedad por el hecho de imponer su autoridad. Puede ocurrir que las reivindicaciones de sus propios hijos sean o estén aún activas dentro de ella con respecto a sus propios padres. De ahí que actúe con postura vacilante o como ya hemos indicado en otra ocasión, con el fin de evitar el conflicto, se pase al extremo contrario, la rigidez y el rigor.

Educar y educarse

Como vemos, no es nada fácil ni seguro decir o indicar lo que es mejor hacer en cada momento. Cada padre, al educar no sólo sale al encuentro de su hijo para ayudarle con arreglo a su criterio –que, no lo olvidemos, siempre será personal, vivido, según su experiencia–, sino que sale al encuentro muchas veces sin saberlo, del hijo que él fue y de los padres que tuvo. Por ello tiene la posibilidad de reeditar su propia infancia reproduciendo situaciones y soluciones o, por el contrario, desarrollar la paternidad admitiendo dudas, con sentido crítico, reconociendo dificultades, revisando situaciones, cambiando si es preciso, en resumen, madurando y aprendiendo junto con sus hijos. Este modo de proceder es la mejor manera de que los hijos vayan formando un espíritu flexible que les permita manejar los problemas de crecimiento con valentía.

La idea, pues, según la cual al educar se educa uno mismo y se enriquece, es otro motivo importante para tomar con ilusión esta tarea.

Estamos afirmando que educar implica el ejercicio de una autoridad estable pero no rígida, permeable por lo tanto a las respuestas del niño, el cual, inevitablemente provoca frustraciones y desilusiones.

Junto al amor, se filtran también contenidos de hostilidad, a veces necesarios, otras tolerables en tanto que son constitutivos de toda relación humana y en ocasiones francamente superfluos. Iremos, pues, al hilo de diversas cuestiones, reflexionando sobre todas ellas habida cuenta de que, si bien como resultado final puede aparecer el castigo, éste pierde cualquier justificación educativa cuando es fruto de una sistemática pérdida de control por motivos oscuros para los padres.

Actitudes frente al crecimiento del niño

Es un hecho evidente que el niño a medida que crece va ganando en autonomía, es más independiente. Cuando esto sucede así, constituye un gran alivio para los padres. Sin embargo, los problemas no desaparecen, sino que toman otro giro.

Algunos padres, ansiosos por liberarse rápidamente del yugo de la paternidad, pueden mostrarse excesivamente severos y exigentes. Probablemente lo negativo no venga determinado por desear mayor independencia para ellos y sus hijos, sino porque el niño intuye alguna forma de rechazo. Esto deriva en que sus resistencias y oposición se muestren muy activas, crispando el ambiente.

No siente de la misma manera a unos padres que sólo hacen acto de presencia como jueces censores, con quienes se comunica casi exclusivamente para recibir deberes, órdenes y prohibiciones, que otros con un sistema de comunicación más rica, dispuestos a escuchar, aprobar y compartir algún tiempo con su hijo.

Por otra parte, el hijo ya no es tan dócil para ir a cualquier parte a la que le quieran llevar, ni para aceptar cualquier razonamiento que le quieran dar. Puede desaprobar abiertamente las conductas de sus mayores, es capaz de compararlos con los padres de sus amigos, en ocasiones incluso idealiza a personas fuera de su ambiente más inmediato como profesores, familiares etc. Prepararse para la crítica, para admitir oposiciones más elaboradas, para perder ocasionalmente el papel preponderante que se creía tener etc., constituye una previsión buena y necesaria. Por ello, irritarse sistemáticamente por tales motivos frente al hijo que crece, lo único que le transmite es la habitual fragilidad de la autoestima de sus padres. La prestancia defensiva de sus progenitores, su aire omnipotente y desafiante, le enseñará aquello mismo que menos se tolera en el ámbito familiar.

El hecho de crecer también implica para el niño la elaboración de duelos por aspectos infantiles en los que estaba instalado con cierta seguridad. Habrá de ser más activo, prescindir de ciertos cuidados y atenciones reservados para niños de menor edad, pero también, y en compensación, experimentará más poder. Precisamente el hecho de ser mayor va parejo con la necesidad de comprobar el alcance de sus nuevas posibilidades. Eso le lleva a confrontarse con la autoridad de sus padres. Quiere saber hasta dónde puede llegar, e inevitablemente aparece el altercado.

Es posible que reclame el derecho de acostarse más tarde, de ir solo al colegio, de decidir acerca de sus vestidos, de disponer cuándo tiene que hacer tareas escolares o cuándo usar libremente su tiempo.

Con el crecimiento se advierte cierta tendencia a la oposición, hecho que, si bien no es nuevo, puede ir acompañado de comentarios verbales que incomoden a los padres, con connotaciones críticas y afirmación de sí mismo.

Independientemente de que estemos esbozando necesidades evolutivas que es preciso tener en cuenta, también conviene recordar que en todo tiempo el papel de los padres consiste en poner límites. Unos padres que sucumbieran indiscriminadamente a las reivindicaciones de los hijos, les harían sentirse desprotegidos. Estos podrían incluso pensar que a sus progenitores no les importa su vida, su actividad, lo que hacen. Se les hurtaría asimismo la posibilidad de defender lo que estiman como sus derechos y, si se nos apura, la posibilidad de aprender a enfrentarse con la autoridad sensatamente. Probablemente sucumbirían a la satisfacción de sus necesidades inmediatas. Parte de sus decisiones no estarían fundadas en su creciente capacidad, sino inspiradas en la rivalidad frente a otros a los que fantasea con mayor autonomía.

Por último no hemos de olvidar que las tensiones de crecimiento y derivadas de las frustraciones propias de la vida cotidiana, se expresan, como reiteradamente hemos apuntado, en forma de agresividad en un medio seguro, un medio que le contiene y en el cual, por lo tanto, puede expresarse sin graves riesgos.

La autonomía materna

Decíamos en otro lugar que el niño, al crecer, tiene que experimentar duelo por aspectos infantiles de los que siente alguna nostalgia. Esto lo comprenderán muy bien los padres que observan cómo pierden primero a su bebé y más tarde al pequeño niñito que se va inexorablemente haciendo mayor. Este proceso lo vivirán en especial aquellas madres que se han dedicado durante años casi exclusivamente a cuidar y atender a sus hijos y que en forma progresiva se encuentran con que éstos las necesitan menos. Han renunciado a gran parte de su autonomía para ser madres, hecho que en algún momento pudo incluso deprimirlas seriamente y al cabo del tiempo se encuentran con un vacío difícil de llenar. Es importante que recuperen aficiones e intereses para que puedan tolerar la progresiva separación y por lo tanto sentir con menor ansiedad los nuevos fenómenos que han de afrontar con sus hijos tan pronto como éstos reclaman mayor libertad e independencia. De este modo podrán ayudarles mejor, disminuirán sus deseos posesivos y evitarán que se intensifiquen innecesariamente los conflictos.

La nostalgia del niño pequeño que va dejando de serlo da lugar, sobre todo en algunos padres que han establecido una fuerte dependencia a través de cuidados y atenciones, a muestras de irritación ante las actitudes más distantes. Lógicamente esta irritación y malestar no estará verbalizada y ni siquiera pensada como consecuencia de la autonomía que busca conquistar el menor, sino que aparecerá con motivos muy diversos. La queja se puede centrar sobre el hecho de que el niño es menos comunicativo, o porque se entrega con excesivo afán y pierde mucho tiempo con los amigos, pero sobre todo porque disminuyen las manifestaciones de afecto y en muchos momentos puede parecer, y de hecho lo es, desconsiderado con sus padres. Esto hace sufrir especialmente a las madres, las cuales dudan del cariño de sus hijos. La hostilidad que se despierta en ellas propicia en muchos casos que a su vez disminuya la confianza en su capacidad para amar. Si tales dudas invaden en demasía las relaciones mutuas de tal manera que el deseo de recibir muestras de afecto se incremente, entonces para acallarlas aparece un ambiente de reproches, de malentendidos, que han de dificultar seriamente el proceso de individualización.

En un contexto marcado por las actitudes que acabamos de exponer es poco seguro que el castigo esté al servicio o subordinado al necesario mantenimiento de la imprescindible disciplina, sino que probablemente sucumba ante actitudes irracionales. La autoridad aparecerá como un intento imperioso de mantener vivo el deseo posesivo y de dependencia, y el castigo como expresión del malestar personal.

La ambivalencia del niño frente al control

El niño a todas las edades intenta evitar el control que sus padres tratan de ejercer sobre él, aunque por otra parte necesita sentir que va haciendo conquistas e independizándose con seguridad. Así pues, también reclama control y, de no ejercerse, se siente especialmente inquieto. Incluso, a veces, lo provoca llegando a realizar travesuras que llamen la atención de los adultos.

Capítulo 2

Actitudes de apoyo emocional hacia los hijos

Es evidente que los niños no sólo demandan figuras estables de autoridad, tal y como las hemos definido en el capítulo anterior. La amplitud de los intercambios en el seno familiar es muy rica y su influencia en la evolución del niño, decisiva. Por eso intentaremos analizar actitudes y disposiciones que nos ayuden a tomar conciencia acerca de cuál ha de ser el modo mejor de dar un apoyo emocional al menor suficientemente bueno.

Por otra parte, pensamos que el uso excesivo de la autoridad con el trasfondo impositivo y de castigo que implica, puede derivar hacia reacciones de sometimiento extremo o de rebelión difícilmente manejables.

Las primeras dan lugar a una falta de iniciativa y a un tipo de adaptación pasiva. Las segundas propician acciones próximas a la delincuencia.

Cuando se trata la necesidad de apoyar emocionalmente al niño, es probable que se asocie con una obligación más de las muchas que se invocan en torno a lo que se considera buena educación. Esperamos, por el contrario, mostrar cómo esta tarea resulta un saludable ejercicio que contribuye de forma muy importante al bienestar del grupo familiar.

Disponibilidad de los padres

El niño exige que los padres tengan cierta disponibilidad. Es decir, precisa que se le atienda, que se le escuche, que pueda en definitiva mostrar sus afectos, temores, inquietudes, etc. Cuando así sucede, aumenta la autoestima y seguridad en sí mismo. Siente que le tienen en cuenta y que sus contenidos, sus acciones y él mismo alcanzan un valor. Asimismo, confiar en su propia bondad y valía equivale a que del mismo modo que él es capaz de rescatar los aspectos positivos de su interior, los busque también fuera y sea capaz de encontrarlos. Dicho de otro modo, aumentará la disposición a inducir y provocar conductas estimables de los demás. Será gratificante en su relación y por lo mismo contribuirá al bienestar propio y ajeno.

Ahora bien, la disponibilidad de los padres, depende en buena medida de que éstos tengan un tiempo para sí mismos. Esto es importante en un doble sentido. Porque sólo desde cierta satisfacción personal es efectiva la actitud de apoyo no forzada sino natural y espontánea. Unos padres insatisfechos y abrumados por la necesidad de disponer de sí mismos, reivindicativos, difícilmente pueden tolerar relajadamente las demandas de atención de los hijos. Y porque conviene que éstos tomen conciencia de que sus padres tienen también vida propia e independiente y no son por lo tanto «objetos» al servicio de sus necesidades.

Mantener la calma en los momentos difíciles

Los adultos damos excesivo valor a la palabra como medio para influir en la conducta de los niños. Tendemos a imaginar el apoyo emocional, suponiendo la actitud receptiva del menor a los consejos verbales. Deseamos que un discurso sincero sea suficiente para tranquilizar, para advertir o para mostrar el camino y la orientación que esperamos de él. Por eso, cuando hay discrepancia entre lo dicho con palabras por el adulto y lo actuado con hechos por el menor, aparece un motivo claro de enfrentamiento.

Sin menospreciar el valor de la comunicación verbal, conviene recordar que la receptividad a los mensajes de los padres depende fundamentalmente de la concordancia entre lo «escuchado» y lo «visto». Aquello que en realidad resulta un modelo consistente de imitación, es el modo como el adulto se enfrenta con sus dificultades, maneja sus afectos, registra en él mismo las inquietudes del niño etc.

Veamos algunos aspectos de lo que acabamos de afirmar.

Todos queremos que nuestros hijos reaccionen con calma y sosiego ante las contrariedades. Su irritación no debe sobrepasar aquello que los buenos modos indican. El comportamiento ha de ser razonable y nada parece justificar un enojo intenso que no se corresponda con una frustración claramente merecedora del mismo. Tenemos dificultades para aceptar a un niño alterado sin motivo externo al que se pueda atribuir.

Así como cuando lo que predomina en la relación es una disposición afectiva se despiertan sentimientos positivos, por el contrario, cuando predomina una disposición hostil, ésta tiende a extenderse a los demás miembros del grupo familiar. Adultos y niños, por supuesto en distinta medida, tenemos malos días y malos momentos. Sin motivos claros aparecen sentimientos de malestar. La tensión se experimenta con caracteres persecutorios que pueden adoptar diversas formas. Puede suceder que hagamos responsables a otros de cualquier fracaso parcial o que el logro de un compañero active sentimientos de disminución propia o que se resquebraje la confianza en el amor de los seres queridos, o que un estado de confusión y en el fondo de pánico invada el aparato mental.

En estas circunstancias la reacción más probable del niño es que busque agitar el ambiente mediante conductas que de antemano sabe que molestan. Usando la técnica de la provocación encuentra un medio para arrojar fuera aquello que dentro resulta intolerable. En la medida en que el padre o la madre respondan a la provocación, de la que por otra parte en tales momentos no tiene conciencia el niño, sus sentimientos de culpa se transforman en abierta hostilidad. Ésta encontrará justificación moral a causa de sentirse «maltratado» por sus progenitores. Éstos, nerviosos, pueden sucumbir fácilmente ante el estado emocional del hijo. El mensaje que transmiten, sin pretenderlo, es que ellos también se desorganizan, impotentes ante la ansiedad que no pueden contener. Poco importan las verbalizaciones fáciles que en otros momentos le hayan podido dedicar acerca de cómo afrontar la contrariedad. Su conducta desautoriza sus palabras.

Nos atrevemos a sugerir que es muy importante no *perder la calma en los momentos difíciles*. El niño debe percibir que su rabieta no nos asusta, que la provocación no nos intimida y que incluso podemos «sobrevivir» ante sus explosiones de mal humor de tal manera que su enojo no altera profundamente a los padres. Quizás se marche a su habitación, dé un portazo, llore desconsoladamente, suelte alguno que otro improperio, se niegue a cenar, etc. Esperemos un tiempo prudencial hasta que se encuentre más calmado. Normalmente, después le encontraremos más dispuesto para hablar con sosiego de sus problemas. Entretanto habrá aprendido que sus mayores no se dejan sobrecoger por su pánico. Éste, el pánico, como contenido mental se experimenta entonces con menor carga de peligrosidad. Se hace manejable.

No es preciso, sin embargo, que aparentemos indiferencia o desdén, lo cual sería un motivo adicional de sufrimiento. Simplemente que hagamos un esfuerzo para poner una cierta distancia con el fin de impedir que su angustia nos invada. Superada con éxito la tensión, el niño podrá experimentar tristeza y aceptar ayuda. De otro modo, los padres actuarían como amplificadores de la inquietud de sus hijos, devolviéndosela en bruto y colocándoles, si cabe, en peor situación para enfrentarse con ella.

Saber escuchar

Hemos visto cómo a veces el niño actúa su malestar. Descarga la tensión con muestras de gran agitación, de modo disperso y mediante conductas apenas elaboradas. No obstante y para que esto no suceda habitualmente, conviene que encuentre un *ambiente receptivo*.

¿Qué entendemos por ambiente receptivo?
El malestar no es exclusivo del adulto. Éste cuenta
con la ventaja de que tiene una mayor capacidad dis-
criminativa y por lo mismo usa el lenguaje para comu-
nicarlo. Si la tristeza le afecta, busca alguien con quien
compartirla. Alguien que comprenda sus inquietudes.
Este hábito tan saludable cumple su función. Alivia el
sufrimiento. Resulta obvio que el dolor es menos si se
comparte.

Probablemente, ante acontecimientos adversos se res-
quebraja la autoestima. Si en estos momentos alguien
nos muestra su afecto, se comprueban dos cosas: que
seguimos siendo queridos y que lo que desde dentro es
una amenaza puede ser contenido también por otro sin
que ello le dañe en exceso. El «objeto» de nuestro amor
«ha sobrevivido» a experiencias similares y tenemos
constancia de ello por el reconocimiento que hace ante
tal dolor moral. Esto indudablemente reconforta y da
una enorme seguridad.

El menor recibe una gran ayuda de sus mayores si
puede expresar sentimientos diversos, tales como tristeza, celos, envidias, etc. A veces, la propia intolerancia a
los sufrimientos del niño da lugar a su represión, hurtando con ello la posibilidad para aprender a manejarlos.
No es infrecuente observar a unos padres que, cuando el
niño aparece llorando, le dicen sistemáticamente: «Los
niños no lloran», «hay que ser fuerte», «eres un cobar-
de». Por fortuna estas exigencias no son tan insistentes
con las niñas.

Entendemos que es muy positivo mostrar el deseo de
ser escuchado, manifestar el motivo de la zozobra y
esperar ayuda para sobrellevarla.

Por el contrario, no ayuda a madurar el hecho de
tener, por ejemplo, que ocultar los celos para no parecer
malo o negar la envidia, no viendo nada valioso en los

demás o transformar la hostilidad, en general, en aires quejumbrosos y masoquistas.

Encontrar comprensión no equivale necesariamente a mostrar que aprobamos y compartimos los sentimientos del niño, sino el dolor que experimenta. Si el niño llega, supongamos, del colegio decepcionado con sus amigos o con el profesor y se desahoga dedicándoles juicios duros, la respuesta correcta no consiste en que nos pongamos de su parte, a no ser que estemos muy seguros de que ha sufrido injustamente. Le permitiremos expresar sus sentimientos y cuando esté más relajado será posible afrontar la situación con más realismo. Si no nos sumergimos en su propia angustia, advertiremos con qué frecuencia tiene él buena parte de la responsabilidad en los conflictos. Pero entretanto y mientras no esté en disposición de aceptar un punto de vista distinto del suyo, el cual por otra parte nos querrá imponer con vehemencia, le dejaremos hablar y expresarse. Fundirse con él o rechazar airadamente aquello que no nos gusta de su comportamiento dificulta la aparición de un espíritu crítico frente a los problemas. Intentará resolverlos asegurándose alianzas incondicionales o eludiendo responsabilidades.

Cuando el hijo comunica a sus padres sentimientos de tristeza, celos, envidia, etc., se percata del impacto o tolerancia a los mismos de sus progenitores. Si ellos se inundan fácilmente de ansiedad le dan muestras de su incapacidad para manejarlos. Si no se alteran en exceso, no evitan el contacto, dejan hablar y le tranquilizan, con su actitud, habrán dado un gran paso para que se enfrente con las vicisitudes del mundo interno de manera más sosegada.

Permitir la rivalidad

En algunas familias se hace un denodado esfuerzo para evitar literalmente la rivalidad entre hermanos. Los sistemas son diversos. O bien cada hermano tiene un espacio claramente diferenciado de modo que no haya ocasión para confrontarse o, lo que es más habitual, los padres interfieren con severidad en cualquier conato de enfrentamiento. Éste les resulta especialmente irritante. En el fondo, lejos de favorecer una relación fraternal normalmente cargada de ambivalencias, la perturban. Impiden de hecho el establecimiento de vínculos. Además le imposibilitan al pequeño aprender a manejar su agresividad, a controlarla y mantenerla dentro de ciertos límites, con lo cual ha de sentirse más seguro en sus relaciones.

Asimismo y en relación con la agresividad hace progresos como los siguientes:

– *la reconoce en parte como suya puesto que la expresa;*
– *conoce los efectos y consecuencias de la misma con sentido de realidad;*
– *sabe hasta dónde puede llegar;*
– *se va familiarizando con sentimientos molestos que en parte habrá de inhibir en su satisfacción o buscar modos socialmente aceptados para su expresión.*

Un niño que no haya hecho progresos en el manejo de su agresividad, tiende a sentirla como amenaza para sus relaciones. Las reacciones por lo mismo pecan de exageradas. En este sentido y temiendo perder el afecto de los que ama, o bien se siente muy culpable y adopta actitudes extremas de sometimiento, o bien proyecta la agresividad fuera de sí mismo, en el punto que le rodea, creando con su fantasía un entorno hostil y amenazante, quizás opte por mostrarse excesivamente severo y moralista buscando una superioridad moral que le coloque al abrigo de cualquier posible crítica, también puede llegar como técnica defensiva a provocar veladamente enfrentamientos en lo que él en apariencia es ajeno o incluso inhibir claramente su capacidad de amar con el fin de evitar dolorosos conflictos con los seres queridos, etc. El sentido común nos indica, no obstante, que los padres deben intervenir cuando el choque entre hermanos pueda pasar de las palabras a los hechos o cuando se alcancen extremos en los que el sadismo verbal o la excitación consiguiente lleguen a niveles no admisibles. Pero, de ahí a interferir en las pequeñas disputas hurtando a los hijos la posibilidad de que lleguen a acuerdos por sí mismos, a que se quieran y a que se odien manejando sus ambivalencias en un ambiente propicio para ello, hay una gran distancia.

El papel de los padres consiste en vigilar las relaciones para moderarlas, no para interferirlas con severas prohibiciones que alcen entre ellos barreras inútiles.

Uno de los motivos de rivalidad entre hermanos suele estar estrechamente unido con la diferencia de edad. Por regla general, los menores reivindican el mismo trato que se les da a los mayores. Por ejemplo, salir con más libertad con sus amigos, acostarse a la misma hora, disponer de igual cantidad de dinero etc. Por su parte a los de más edad se les exigen responsabilidades, incluso cuidar de los pequeños, ser más razonables, ceder en las disputas etc.

Es importante que los padres enseñen a tolerar las diferencias. El más pequeño habrá de saber que con los años tendrá las mismas prerrogativas de que gozan su o sus hermanos. También conviene que no se exija a los últimos ser adultos prematuros. En relación con este punto, observamos una predisposición a atribuir un tanto rígidamente papeles en función de la edad que no hacen justicia a la misma. Se exageran las diferencias en función del rango que ocupan los hijos.

Uno de 10 u 11 años que es el «mayor» tiene que comportarse como mayor a pesar de que aún es un niño. El de 5 o 6 años, «el menor» gozará probablemente de un status infantil que para sí hubiera deseado el que le antecede.

No distribuir rígidamente papeles entre los hijos

La distribución rígida de papeles que incidentalmente hemos puesto en relación con la edad tiene un alcance mucho más amplio, con consecuencias directamente ligadas a la movilización de rivalidades, como veremos.

Los padres afirmamos, con frecuencia, que todos nuestros hijos son igualmente amados. Aceptemos como buena tal afirmación. Lo que resulta evidente es que no amamos de igual manera a unos que a otros. Si con ello ajustamos nuestra relación a la individualidad de cada hijo, estaremos contribuyendo sin duda al establecimiento de su identidad. Cada uno es cada uno, cuenta como tal y se siente a partir de las respuestas específicas que tiene.

Rosa es activa, dispuesta siempre a colaborar en las tareas domésticas, cariñosa, extrovertida, responsable, se desenvuelve bien en la escuela, resulta habilidosa y paciente.

Inés por el contrario, además de poco atractiva físicamente, es respondona, huraña, poco comunicativa, lenta, descuidada en sus trabajos, de mal carácter y frecuentes rabietas a pesar de que ya tiene nueve años.

Los padres de Rosa o Inés están preocupados por esta última. Menos mal que Rosa les resarce con creces de los disgustos y malos ratos que les da Inés. Con ésta fracasan los buenos propósitos de aproximación calurosa que el psicólogo escolar ha recomendado. Los intentos por valorarla, darle responsabilidades y estimular sus logros se estrellan una y otra voz con el desdén y pasividad de la niña. Toda la familia se ha puesto de acuerdo para evitar cualquier expresión que la desagrade. Rosa, encantadora y diligente, no sólo presta un gran apoyo moral a sus padres, sino que participa de la estrategia común con entusiasmo.

Este cuadro, que a más de un lector le puede parecer una caricatura, no lo es en muchos casos.

El resentimiento profundo y probablemente inconsciente de Inés, le impide aceptar una ayuda que vive como confirmación de su interioridad, lo cual excede sus límites de tolerancia.

Los padres, se preguntan, no sin angustia, cuál es el reproche no verbalizado que su hija les hace.

Un observador imparcial puede pensar que Rosa se ha llevado todo lo bueno, e Inés se ha quedado con los desperdicios. Claro que esta forma de pensar tiene, por supuesto, un valor metafórico. Los padres, con razón, reaccionarían con enorme hostilidad ante insinuaciones de tal calibre. Ellos no tienen conciencia de que haya existido un trato discriminativo entre las hermanas. Incluso han tratado de ocultar las satisfacciones que Rosa les da para no exacerbar los posibles celos y rivalidades de Inés. Desde muy pequeñas eran bien distintas.

No necesitamos pensar que todos los seres humanos son iguales desde que nacen. Tampoco que los padres quieran más a unos que a otros. Simplemente advertimos del peligro que supone la conducta poco moderada frente a los aspectos gratificantes de los niños, que indudablemente halagan el narcisismo paterno, y los menos gratificantes que lo ponen a prueba. Basta con que nos llenen de satisfacción un tipo de conductas y de ansiedad sus contrarias, para que, sin darnos cuenta, Rosa sea el continente de las bondades e Inés de las desdichas. Los niños no sólo registran nuestras palabras, sino nuestros sentimientos. Éstos se expresan tanto por lo que decimos como por lo que callamos, tanto por lo que hablamos como por lo que ocultamos, tanto por las atenciones que les dedicamos como por los gestos, la expresión de la mirada, el modo de tomarlos en brazos etc.

El problema, pues, no es el amor al niño, sino el manejo de aquello que nos despierta en nuestro interior. Son aspectos de nuestra personalidad que difícilmente podemos conciliar con otros y que con presteza depositamos en alguien querido si nos da el pretexto para ello.

Rosa puede muy bien tener negadas sus «partes malas» porque en la casa, alguien es depositario de ellas. Su disponibilidad para ayudar le confirma su bondad. A María, la madre, y a Paco, el padre, también les convendría poder integrar con menos temor aquello que tanto sienten como peligroso para ellos, con la confianza de que saldrían fortalecidos del empeño. No han reaccionado con hostilidad frente a Inés, sino frente a lo que Inés, con algunas conductas, les pudo recordar de ellos mismos. No han podido contener con calma, las «partes malas» de Inés que les provocan enorme ansiedad.

Siguiendo con el tema de estas hermanas, veríamos cómo seguramente la mejoría de Inés, al beneficiarse de una ayuda especializada haría surgir celos y rivalidades hasta entonces ocultos en Rosa. Ésta sería la primera en sentirse sorprendida al encontrar contenidos emocionales que no sospechaba.

La conclusión a la que deseamos llegar es que se debe de ser cauto y vigilante en atribuir sistemáticamente y de forma rígida cualidades de valor opuesto a uno u otro miembro de la familia.

¿Cómo puede Juan salir de su holgazanería si tan pronto como la muestra es tratado de vago, pasando desapercibidas sus modestas intenciones de actividad, o Enrique con su cobardía, o Raquel con sus mentiras, o Laura con sus dificultades escolares?

Evitar un manejo excesivamente narcisista del niño

Otra de las múltiples facetas del apoyo emocional al niño es lo que vamos a llamar, el manejo narcisista del mismo.

Los progresos y retrocesos no dejan, como es natural, indiferentes a los padres. Sin embargo, las exageraciones en este campo, es decir, una conducta muy afectada, ponen de manifiesto la intensa dependencia de ciertos adultos con respecto a los menores. Esta dependencia se transforma en carga para los hijos, a veces tan pesada, que no les deja vías para expresar sus propios deseos, su propia dinámica personal.

Cuando el logro del hijo adquiere dimensiones desproporcionadas, da lugar a exageraciones y sentimientos de triunfo tan grandes de los que es tan difícil desprenderse que lógicamente han de renovarse para no entrar en un pesar abrumador. Entonces, el logro o éxito alcanza significados que van más allá del natural orgullo o satisfacción. El niño en muchos casos cumple el papel de resarcir al adulto o de reparar su maltrecha autoestima. En estos casos no sólo sentirá que sus padres viven con alegría sus conquistas, sino que éstas constituyen una imperiosa necesidad de los progenitores que las sienten como propias, hurtándoselas por ello al hijo y, lo que es más negativo, haciendo depender de él su bienestar. En estas circunstancias los niños se convierten en un apéndice de sus mayores, en objeto de exhibición.

En el ámbito que acabamos de describir, fracasar es una amenaza de dimensiones también desproporcionadas. El fracaso parcial, todo fracaso en el fondo es parcial, se convierte en un grave daño moral inferido a los padres.

El conjunto de tales circunstancias obliga al niño a buscar de forma compulsiva el éxito y a erigir dentro de sí mismo una conciencia extremadamente exigente para protegerse y proteger de posibles fracasos que hay que evitar a cualquier precio. La tensión que ello implica puede dar lugar a que rehuya enfrentarse dificultades con las consecuencias que de ello se derivan. Otra alternativa, muy frecuente, es el sometimiento pasivo a las demandas de los padres, pero en la adolescencia éstas tienden a tolerarse menos, y ocurre el naufragio. Algunos niños se defienden desde épocas tempranas con actitudes de oposición muy marcadas. Otros se pueden mantener a costa de un gran esfuerzo no progresando en facetas de socialización tales como el desarrollo de un sentido de la amistad, de la colaboración, del disfrute con aficiones, deportes, de cargar de valor múltiples dimensiones de la relación humana.

Así pues, y en síntesis, la excesiva dependencia de los padres con respecto de los hijos, carga sobre las espaldas de éstos responsabilidades muy pesadas. Les convierte en objetos más que en sujetos.

Tolerar las regresiones

En la introducción hicimos referencia a la necesidad de que el adulto sea estable. Estamos en condiciones de abundar en esta premisa, precisamente porque se complementa con la gran inestabilidad del niño. Éste cuanto más pequeño, si exceptuamos algunos períodos de pre y adolescencia, cambia con mayor facilidad. En un breve espacio de tiempo puede pasar de díscolo a pacífico, de alegre a triste, de razonable a irracional, de dinámico y activo a pasivo e incluso de tener hambre a no querer comer. Estos cambios, a veces bruscos, sin razones aparentes que los justifiquen, desconciertan. Con todo se toleran mejor si no se extienden las conductas negativas por mucho tiempo. Se sobrentiende, pues, que la intolerancia está en razón directa de la intensidad y características de los cambios. Nadie se preocupa, por ejemplo, si su hijo que habitualmente es muy rebelde y agresivo, se transforma en un niño obediente y dócil, aunque siempre es aconsejable preguntarse por las razones de los cambios bruscos, cualquiera que sea su sentido.

Sin embargo, lo sano y normal en el niño, es que dé dos pasos hacia adelante y uno hacia atrás. Es decir, las progresiones se acompañan de regresiones periódicas. Estas cumplen su papel y es conveniente saber tolerarlas. Veamos un ejemplo:

Enrique está comenzando la secundaria. Hasta el momento actual no ha sido motivo de especial preocupación para sus padres. Chico abierto y cordial, querido por los compañeros y apreciado por los profesores. Sin embargo, en la segunda evaluación ha reprobado dos asignaturas. Esto ha sido el detonante de una fuerte crispadura familiar. Desde algunas semanas antes se mostraba irritado ante sus hermanos, aceptaba muy mal cualquier leve reproche, pasaba horas delante del televisor, su afición por la lectura ha cedido, cuida mal sus pertenencias, es menos ordenado, etc.

Cuando entrega las calificaciones adopta un aire cínico y, lejos de mostrar pena, parece enfadado con los padres y se evade con excusas poco consistentes, que les ponen aún más nerviosos, si cabe. Los profesores le encuentran distraído y han advertido cierto aislamiento respecto de sus compañeros.

La madre teme perder el control sobre el niño y decide vigilarle muy de cerca. El padre, un tanto alterado, se encarga de supervisar sus tareas con aire inquisitorial y severo. Los enfrentamientos se agudizan. Ante la menor muestra de disconformidad con los profesores, de torpeza en el trabajo o desobediencia o malos modos aparece el castigo, que consiste en incrementar las demandas educativas en todos los órdenes. Los temores familiares se desatan e incrementan los reproches y advertencias acerca de lo difícil y complicado del mundo actual, moralizando en suma acerca de las obligaciones que es preciso cumplir.

Los padres no entienden qué le ha pasado a Enrique, pues ante sus preguntas sólo les contesta: «Déjenme en paz»

Enrique se siente tenso y abrumado, un tanto confuso y harto de todo y de todos.

Lo más frecuente es que en tales situaciones, en las que el niño saca a la superficie aspectos de sí mismo hasta entonces ocultos, cedan de una manera espontánea tal y como se iniciaron. Son episodios que acompañan las crisis de desarrollo. No obstante y para que no se prolonguen en exceso o para que eventualmente no cristalicen en conductas estables que amenacen todo lo conseguido, conviene adoptar otro tipo de actitudes.

El primer paso debe ir orientado a intentar captar cómo se siente el niño realmente, lo cual nos dará valiosa información.

Le vemos agresivo hacia sus hermanos y padres, por este orden. Es decir, hacia personas que ama, lo cual naturalmente incrementa los sentimientos de culpa con la consiguiente angus-

tia. Como medida defensiva ha de inhibir su amor y sentir que le son hostiles. De esta manera se desembaraza parcialmente de un intenso pesar por su «maldad».

Asimismo orienta su agresividad hacia fuera, sobre «objetos» que mejor o peor se la van a tolerar.

La pasividad, desorden y falta de cuidado acerca de sus pertenencias nos sugiere una situación depresiva que merma disponibilidad para enfrentarse con las exigencias de la vida cotidiana.

Probablemente, Enrique espera que alguien se haga cargo de una agresividad y depresión que no puede manejar. Evidentemente esto no lo piensa, si pudiera pensarlo hasta el punto de convertirlo en palabras, su malestar se haría más tolerable.

¿Qué sentimos ante la conducta del niño?

El adulto se encuentra en ocasiones con la hostilidad y la conducta inadaptada del menor. El mismo experimenta también angustia que, con frecuencia, devuelve bajo el disfraz de agresividad con fines educativos. Se siente impotente y con temor de no ser capaz de educar a su hijo para que sea sano y fuerte.

Es importante entender que los sentimientos que provoca el niño tienen algo que ver con aquellos de los que precisamente trata de aliviarse en contacto con el adulto.

Al reaccionar con impaciencia y ponerse muy nervioso confirma al hijo en la peligrosidad de sus contenidos emocionales. Se siente solo e incapaz de apoyarse en alguien para solucionar su malestar. Esto ahonda su tensión. «No me comprenden», dice.

También los adultos tenemos días y temporadas en que actuamos como lo hacía Enrique. Las diferencias vienen dadas por nuestra mayor capacidad para tolerar el sufrimiento psíquico por razones de edad, experiencia, sentido de realidad, etc. Estamos, en definitiva, mejor preparados para verbalizar y pensar acerca de nuestros problemas.

Pues bien, las regresiones como las que hemos comentado forman parte de la vida y evolución del ser humano. Si el medio ambiente es receptivo y tolerante con ellas, es mucho más probable que de las mismas salga en mejores condiciones, enriquecido.

Ante la regresión, es natural que los padres se inquieten, vigilen más de cerca al hijo, le brinden apoyo moral sin entrometerse demasiado en su intimidad y teniendo un sentido de la medida sobre aquello que le pueden exigir en estos momentos. Adoptar actitudes severas, rígidas y punitivas no suele conducir a nada. Simplemente se descarga la tensión con agresiones mutuas para volver a empezar con nuevos y estereotipados enfrentamientos de forma reiterada y compulsiva.

Comunicar los motivos de malestar personal

Si observamos en el niño alguna alteración negativa de su conducta, queremos saber los motivos. Del mismo modo que un índice de enfermedad provoca la natural inquietud acerca de la salud, el cambio en la conducta puede activar la inquietud acerca de la educación o, si se quiere, de la salud mental. De ahí que preguntemos al niño para que dé razón de los motivos o causas relacionables con su forma de actuar.

También, aunque pase desapercibido, el niño está pendiente de nuestro estado de ánimo. Es capaz de registrar los cambios desde el mismo momento de su nacimiento. Hoy no existen dudas de que las fluctuaciones emocionales de los padres son percibidas por los hijos desde épocas muy tempranas. Quieren saber sus razones. A veces los adultos no conocen el motivo de sus males, otras este motivo difícilmente puede ser comunicado a un niño, pero en otras muchas ocasiones sí es posible dar algún tipo de explicación. El menor percibe claramente la angustia de sus padres y ello por consiguiente le produce inseguridad. Veamos algunos casos.

1. *La angustia puede estar provocada por* motivos económicos. *Se piensa que es mejor ocultar a los ojos del niño los motivos reales de zozobra familiar, ya que de esta manera le ahorran preocupaciones innecesarias. Sin embargo, lo que más inquieta al pequeño, es advertir que pasa algo raro, que en torno a cierto acontecimiento se guarda silencio y que por lo mismo no es nombrable. Quizá nos resulte sorprendente advertir con qué frecuencia una sencilla explicación alivia al niño, que podrá hacerse cargo de la situación familiar y aprenderá en contacto con sus padres a tolerar mucho mejor las situaciones adversas.*

2. *Otro motivo frecuente de secreto, sobre todo si el niño es muy pequeño, se refiere a la* muerte de algún familiar próximo. *Esto da lugar, ante las lógicas preguntas, a explicaciones muy artificiosas. La más común es afirmar que se ha ido de viaje y que no se sabe cuándo volverá. Explicación que por otra parte no concuerda con la tristeza o ansiedad subyacente que ve en sus progenitores.*

Pero no sólo aquello que se vela u oculta tiene mayor carga ansiógena porque en la fantasía se sobrecarga de significado siniestro, ya que no puede ni siquiera ser nombrado, es que además disminuye la confianza en los padres y facilita, por identificación con ellos, que persista la tendencia en el propio hijo a ser poco comunicativo y reservado ante hechos o situaciones en los que se activa su propia angustia.

Con frecuencia, los adultos pensamos que es preciso ahorrar sufrimientos a los hijos. Por ello evitamos expresarlos, aunque inútilmente. Con este tipo de conducta, lo más común es que provoquemos sufrimientos mayores de los que intentamos evitar y que además hurtemos al niño la posibilidad de aprender a tolerarlos. No debemos olvidar que somos el modelo vivo que enseña mediante el ejemplo a enfrentarse con las vicisitudes de la vida.

Caricaturizando un tanto la situación, puede ocurrir, que en el afán de evitar sufrimientos al niño y ante una próxima operación, se le diga que va a ser muy divertido y que lo pasará muy bien.

Capítulo 3

Conflictos más frecuentes en la vida cotidiana de la familia

En la convivencia diaria surgen motivos más o menos numerosos de conflicto. Si se saben afrontar, contribuyen de manera esencial a la educación. De lo contrario, existe el riesgo de que a partir de ellos se vaya encadenando un rosario de castigos complementarios de actitudes de oposición, de forma reiterada o compulsiva.

Encarar los conflictos, en lo fundamental, consiste en tener conciencia de la demanda que hacemos, qué sentido tiene y poder comprender el sentido de la resistencia o, eventualmente, de la oposición marcada. Si tenemos en cuenta los aspectos razonables de la demanda infantil, el niño irá adquiriendo confianza en su capacidad para influir en el medio humano que le rodea, se sentirá sujeto y no objeto, aprenderá a defender sus derechos y a conocer sus limitaciones.

Daremos, pues, un rápido repaso a situaciones de la vida cotidiana que con frecuencia constituyen un auténtico campo de batalla en el que se dirimen las diferencias entre padres e hijos. Éstas incluyen desde la comida al hecho de acostarse, pasando por el orden y las visitas, etc.

Las comidas

Desde que el niño es muy pequeño mantiene, fundamentalmente con la madre, frecuentes altercados en torno a las cantidades, los buenos modales en la mesa y los tipos de comida.

Cantidad

Las madres, generalmente muy ansiosas con respecto a las comidas, quieren tener un niño sano y bien alimentado, acostumbrado a comer de todo y que sepa comportarse en la mesa. Veamos estos aspectos por separado, aunque naturalmente, en bastantes ocasiones se manifiesten juntos.

La inquietud, más acusada en las madres, con respecto a las cantidades, suele ser manifiesta y en proporción directa a la pequeñez del niño. En ocasiones para reforzar verbalmente la necesidad de que coma más, se le dice que si come poco se va a quedar pequeño o será muy débil o enfermará y el médico le pondrá inyecciones.

Recuerdo como anécdota, que mi hijo a los cuatro años y observando la baja estatura del portero, hombre muy inteligente por otra parte, me dijo en su presencia: «Papá, Nicolás de pequeño debió comer muy poco porque no ha crecido».

Obviamente si el niño percibe la ansiedad y temores de los padres ligada a la comida, se activa en el rechazo. Algo, como la comida, que constituye una fuente de placer, aparece con significados persecutorios. La ingestión forzada de alimentos no sólo es displacentera sino que dificulta que surja con fuerza el deseo, es decir, el apetito, pues éste aparece como imposición. El niño, como el adulto, tiene fluctuaciones en su apetito que es preciso respetar.

Por citar un ejemplo, las depresiones en el niño pequeño tienden a somatizarse, es decir, se expresan a través del cuerpo, con pérdida o exacerbación del apetito.

Estas consideraciones previas no quieren decir que hayamos de ceder a los caprichos del pequeño, que trata de afirmarse y de llamar la atención oponiéndose sistemáticamente.

Tipo de comida

Otro tema hace referencia a la elección del tipo de comida. Por lo general, los niños, suelen rechazar de forma especial algunas. Es lo que habitualmente se llama manías y que puede constituir fobias alimenticias. Éstas deben ser respetadas. Evidentemente no responden a motivos racionales, pero no por ello dejan de tener su importancia y su papel. El hecho de que algunos alimentos sean rechazados permite tomar otros sin temor. La mejor manera de provocar conflictos en el área alimenticia, es adoptar actitudes muy perfeccionistas imponiendo al niño tal o cual alimento, con el pretexto de que tiene cualidades nutritivas especiales. En la elección del tipo de alimento, de comidas, conviene, si se presentan dificultades, adoptar cierta flexibilidad. En este sentido conviene dar una moderada posibilidad de elección.

Así, al preguntar al niño si quiere un huevo, quizás nos conteste que no. Si le preguntamos cómo quiere el huevo, frito, en tortilla o pasado por agua, le damos la oportunidad de elegir, sin abdicar, valga la redundancia, el huevo.

Modales

Por último, los buenos modales pueden ser origen de altercados. En este aspecto quizá valga con un ligero apunte. La movilidad infantil es molesta y está bien que se restrinja y se enseñe a ejercer un cierto control sobre sí mismo en la mesa. Ello no obsta, por ejemplo, a que pueda levantarse de ella sin necesidad de que espere a que todos terminen de comer.

Cantidades moderadas de oposición en las comidas son perfectamente compatibles con un sano desarrollo en todos los órdenes. Esta oposición se prolonga con los años en actitudes frente a todo o parte de lo que venga de fuera impuesto de la mano del adulto como son los consejos, normas, o cualquier intervención con carga impositiva, por un deseo subyacente de autoafirmarse y experimentar su poder.

Acostarse

El hecho de ir a la cama, despierta en general muchas resistencias. Éstas son de origen variado: el miedo a la separación, a la oscuridad, a sentir la habitación poblada de fantasmas, el temor a los sueños y pesadillas, el deseo de participar de la vida de los padres, etc.

Los adultos esperamos con impaciencia la bendita

hora en que la prole está dormida. Necesitamos un tiempo para disponer de él como nos plazca. Es el momento de liberarse de la paternidad o maternidad. De ahí que haya prisa por colocar al niño en «su nido». Pues bien, si queremos disponer de este tiempo al que antes aludimos, hemos de tomar las cosas con calma ya que es preciso infundir tranquilidad para que los pequeños o menos pequeños puedan pasar de la vigilia al sueño:

- *A veces tendrán la necesidad de reconciliarse con los padres antes de dormir y por ello recibir una despedida cariñosa, con conversación incluida de unos minutos o la demanda de un relato ameno, por ejemplo un cuento;*
- *otras exigirán rituales que tienen el fin de buscar reaseguramientos frente a los temores. Tales rituales pueden incomodar, ya que piden agua repetidas veces, llaman insistentemente por motivos poco relevantes, etc.;*
- *en ocasiones necesitan luz en su habitación;*
- *algunos pueden exigir el compartir el lecho de sus padres porque se despiertan durante la noche y no pueden conciliar de nuevo el sueño. En este caso es preferible tomarse el tiempo necesario para infundirles seguridad que ceder a la demanda; conviene ser firmes, pues de otro modo difícilmente van a sustraerse a ésta, que más bien tenderá a incrementarse.*

No nos parece muy oportuno extenderse en razonamientos para convencer al niño de que debe acostarse a determinada hora. Entre otras razones pensamos así porque los motivos que se aducen no suelen ser los auténticos. El que los niños deben de dormir tantas horas y acostarse temprano porque han de madrugar tiene sentido durante el período lectivo y de lunes a viernes. El hecho es que los padres necesitan un tiempo a su disposición, al que tienen perfecto derecho. Deben entender que tolerarán mucho mejor a sus hijos cuanto más relajados y menos abrumados se encuentren ellos mismos.

Las visitas

Tanto cuando se recibe en casa a familiares o amigos como cuando la visita es a la inversa, hay cambios en la conducta de padres e hijos.

1. *Los padres desean, por ejemplo, mostrar a sus hijos y que éstos se manifiesten educadamente. Desean asimismo que no interfieran en la conversación del grupo, o que se mantengan alejados para atender plenamente a los invitados, que no haya ruidos molestos, que compartan sus juguetes con otros niños, que sean obedientes y reaccionen con prontitud a cualquier indicación.*

2. *Los niños están expectantes ante quienes van a venir o ver próximamente. Captan la inquietud de su entorno y muestran cierto nerviosismo. Pasados los primeros momentos, quieren hacerse notar. Se percatan de que a veces en estas situaciones sus padres tienen una conducta inhibida y con el aliento que les da el tono permisivo de amigos o familiares, les desafían. Quieren también estar muy presentes. Desean entrar en la conversación de los adultos sin atender las insinuaciones o abiertas peticiones para que no se pongan pesados. A veces son díscolos y dan lugar a escenas de enfrentamiento con sus progenitores, lo cual puede alterar la calma y arruinar el ambiente distendido y cordial de la reunión.*

Casi todos los padres de una u otra manera han pasado por circunstancias como las descritas, lo cual esperamos que sea un consuelo para quien haya vivido algún episodio reciente.

No hemos de hacernos excesivas ilusiones acerca de la conducta conveniente o no de los niños en actos o reuniones. Dado que la visita disminuye la disponibilidad de los padres y coarta la conducta de los hijos, no es improbable que aparezcan manifestaciones de protesta. Por ello, y para disfrutar mejor de las relaciones sociales, es preciso pensar también en los pequeños. Así, buscar lugares de encuentro al aire libre, preparar algo que distraiga o entretenga a los niños, actuar de forma más espontánea y permitir, aunque con límites, que puedan mostrarse, decir algo, participar en algún momento en la conversación, dedicarles de cuando en cuando atención, etc., son actitudes más flexibles y eficaces para compartir un tiempo con otros.

Por el contrario, cuando se cargan de ansiedad los encuentros se dificulta la vida social e incluso las actitudes del niño frente a los amigos de sus padres.

Durante el tiempo libre

La utilización del tiempo libre también da lugar a tensiones.

Comportamientos ruidosos

Por una parte están los comportamientos ruidosos. Estos son naturales en los niños, pero asimismo la vida en comunidad aconseja restringirlos. Una forma de ayudarles a tolerar mejor las limitaciones directas a la acción es cultivar satisfacciones sustitutivas.

Juegos

En primer lugar valorando los juegos en los que hay

una rica vida imaginativa, en los que se maneja abundante material simbólico, es decir, con los que se representa y construye algún tipo de relato. En esta misma línea están las lecturas por medio de las que la acción discurre en la vida mental, construye acciones interiorizadas, la inquietud física se transforma en inquietud mental.

Hábitos de orden

Otro campo de batalla frecuentemente es el relativo al orden. La utilización de materiales diversos está conectada con la adquisición de este importante hábito. El niño de hoy dispone de cantidades muy abundantes de juguetes y artilugios diversos. Muchas veces la amplitud de sus posesiones desborda su capacidad para seleccionar, elegir y centrar su actividad, lo cual favorece un tipo de manipulación poco menos que caótica de los mismos. Además, al fin de la jornada han de ser recogidos, ordenados y en síntesis dispuestos por otra utilización. Es el momento en que la tarea de ordenar encuentra las mayores resistencias. Hay cansancio y el trabajo parece cuantioso. Anticipando estas situaciones, que cuanto más penosas son más oposición movilizan, los padres deben enseñar a utilizar los materiales y devolverlos a su lugar tan pronto como dejen de ser necesarios. El niño debe adquirir hábitos de orden que en el fondo resultan una economía de actividad y evitan fricciones.

La televisión

En la utilización del tiempo libre, obviamente hemos de dedicar algunas líneas a la televisión. Ésta plantea *problemas* diversos.

1. *Uno de ellos tiene que ver con el* cuánto. *Algunas familias reducen acertadamente el tiempo de visión, ya que si es excesivo fomenta formas de satisfacción mediante actitudes muy pasivas. Por supuesto que no siempre cuentan con la buena disposición de los hijos para aceptar un horario.*
2. *La televisión tiene otros inconvenientes. Por un lado suele exhibir* películas poco apropiadas *para niños y adolescentes.*

Independientemente de la mejor o peor calidad de los programas, las reiteradas escenas que presentan una sexualidad *de pobre significado, favorece la temprana erotización, con las consiguientes dificultades para su manejo. En la parte que se refiere a la* violencia, *el daño viene dado no sólo del exacerbado uso de ella, sino que sobre todo para el niño pequeño, el realismo de la técnica cinematográfica, induce a confundir fantasía con realidad. Es decir, refuerza el carácter persecutorio de los temores infantiles dándoles un tratamiento tan realista que lo imaginario se confirma en su crudeza. No olvidemos que los cuentos tradicionales tenían buen cuidado en situar la acción en un tiempo, en un lugar y con unas maneras orientadas a poner distancia entre lo real y lo imaginario.*

Una sobreestimulación sexual tanto como una agresiva resultan inadecuadas. De ahí que sean comprensibles las limitaciones que los padres establecen y que éstas se mantengan con firmeza. Lamentamos asimismo la excesiva pasividad de la opinión ante los poderes públicos cuya sensibilidad frente a los aspectos que acabamos de reseñar no parece muy acusada.

«Entremeterse»

Los niños son insaciables en su deseo de participar en la conversación con los padres. De un modo u otro recaban la atención al menos de uno de ellos. Lo normal es que de manera aparentemente ingenua se dirijan al más proclive o permisivo. Incluso pueden dar motivo a que la pareja con pareceres distintos se enfrente por este asunto. Estimamos como bueno que el niño vaya interiorizando y aceptando que sus padres tienen relaciones de las cuales en parte está excluido. Esto es un dato de realidad insoslayable. Pero también es bueno que el niño sienta que tiene un hueco y se le acepta entre ellos. Incluso, el hecho de ser escuchado por ambos y aceptado conjuntamente le aplacará muchas de sus ansiedades. La regla general es que *aquello que rígidamente se prohíbe, adquiere un mayor significado psicológico, es decir, intensifica el deseo.* Conviene por ello que los adultos se reserven momentos al cabo del día para su libre disposición y que esto se convierta en ley. Junto a lo que acabamos de indicar, también es preciso añadir que es conveniente disponer, no sólo aisladamente sino como pareja, de momentos para compartir con los hijos.

Probablemente algún lector se plantee la necesidad de que concretemos un horario determinado, por ejemplo, un cuarto, media, una hora, etc.

En la convivencia con los hijos no es desdeñable la cantidad de tiempo que les dediquemos. No obstante, tan importante como esto es la calidad de la relación, que depende en su duración de la disponibilidad interna de cada persona. Cuando el niño empieza a resultar molesto, hemos de pensar que la comunicación lleva camino de deteriorarse. Por ello, fingir contenidamente lo contrario de lo que se siente, tiene un doble efecto.

1. Primero, que a pesar de nuestros esfuerzos captará la tensión subyacente y su nerviosismo puede adoptar la forma de provocación.

2. Segundo, que tarde o temprano surgirá el enojo contenido en forma explosiva.

El niño se siente más seguro en sus relaciones si éstas son más naturales y espontáneas. Es preferible para él un enojo franco y claro que una actitud afectada que denota un rechazo encubierto. El rechazo no resulta tan manejable como el enfado, el cual le permite protestar y defenderse abiertamente. El último le somete a un doble mensaje que en superficie es opuesto al de profundidad, lo cual ni le facilita la protesta ni la adopción racional de posturas claras.

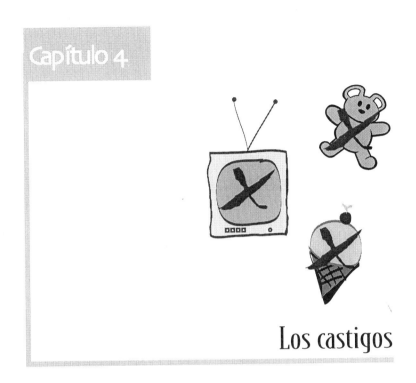

Los castigos

Vamos a considerar como castigo, *la pena que se le impone al menor como consecuencia de acciones o inhibiciones que los padres consideran incorrectas.*

La primera cuestión que hemos de abordar es qué sentido tienen los castigos en la educación. Es decir, qué papel cumplen.

Cuando el adulto castiga, puede suponer que corrige conductas, ya que asociadas a la sanción son fuente de desagrado y que por lo mismo el menor ha de evitar en lo sucesivo. En torno a este supuesto haremos algunas reflexiones.

Uso y frecuencia del castigo

Existe prácticamente acuerdo absoluto en el sentido de que una educación basada exclusiva o predominantemente sobre el castigo no merece el nombre de tal. La consecuencia en el mejor de los casos es una adaptación puramente pasiva a las demandas del adulto que impide el desarrollo con un mínimo de autonomía. Este tipo de adaptación corre además el riesgo de fracasar estrepitosamente ante un cambio interno, por ejemplo la adolescencia, o simplemente el que se va dando en cualquier sociedad viva.

Por otra parte, propicia la actuación regida exclusivamente por el sentido del deber, que resulta enormemente fatigosa, ya que no hay importantes connotaciones de satisfacción en la misma. Es decir, cuando el sujeto sólo se moviliza por miedo al castigo, sus deseos y aficiones no reciben el suficiente apoyo.

Por estas razones hemos reservado las últimas páginas al tema, arropando el castigo en un contexto que dé la dimensión apropiada a actitudes de distinto signo.

El castigo hemos de entenderlo como *último recurso*. Una razón más que avala esta afirmación es la siguiente:

Cuando los padres funcionan predominantemente como modelos de identificación y de apoyo emocional, los hijos amplían y enriquecen sus recursos adaptativos e interiorizan una conciencia moral estimulante, más dada a la acción que a la inhibición. Por el contrario, la pasividad como defensa frente al posible fracaso, se ve favorecida por padres que en general tienen actitudes fundamentalmente punitivas.

Castigo físico

En el pensamiento humanista actual, el castigo físico está ampliamente desacreditado. Las ideas educativas, en consecuencia, con mayor o menor rotundidad se oponen al uso de este tipo de castigos. Con independencia de razones ideológicas que no desdeñamos y de los numerosos abusos con peligro para la integridad física del menor, existen fundadas razones psicológicas que lo desaconsejan, al menos como sistema de corrección eficaz.

Padres que de cuando en cuando propinan alguna que otra bofetada o azote a sus hijos probablemente se sientan un tanto desconcertados. Aunque no sea más que por este motivo conviene clarificar las ideas.

Algunas de las razones de fondo *en contra* del uso frecuente del castigo físico son las siguientes:

1. El castigo en general alivia los sentimientos de culpa de quien lo recibe. En este sentido, libera de la penosa tensión interior ya que el daño real que se le infiere al niño suele ser menor que el daño fantaseado por éste. De ahí que de forma inconsciente a veces provoquen a los padres induciendo claramente a que estos impongan algún tipo de sanción. Muchos padres tienen la experiencia de lo tranquilo que se queda el niño después de haber «cobrado».

Tan pronto como se ha pagado por la propia «maldad» surge la reconciliación no sólo con su conciencia moral sino con los representantes externos de la misma, los adultos. Quien impone el castigo también libera tensión en forma de agresión y por lo mismo contribuye a que disminuya su malestar. Los beneficios repetidos que se derivan de un tipo de relación sadomasoquista, en el trasfondo pueden convertirse en vía privilegiada de obtención de placer. Dicho de otra manera, pueden abocar a una perversión del carác ter. Como vemos, el peligro fundamental viene dado por la repetición frecuente de este tipo de soluciones.

2. *Otra razón, más próxima a la experiencia inmediata, es que la bofetada, por ejemplo, suele ser la expresión de la* pérdida de control. *Es decir, frente a determinadas conductas del menor, el adulto pierde la calma, no se distancia suficientemente del hecho, e inundado por la ansiedad pasa al acto. En este caso el adulto manifiesta su fragilidad para afrontar la inquietud que le transmite el menor. No media por lo tanto conducta elaborada y no se enseña por lo mismo a enfrentarse con dificultades mediante su manipulación mental, mediante la reflexión y el pensamiento como precursores de la acción. No aparece la capacidad para contener algo dentro hasta que se maduren respuestas acertadas.*

3. *El castigo físico presenta otros inconvenientes:* usado habitualmente insensibiliza *al niño frente a él, con lo cual las reacciones, al ser cada vez más violentas para conseguir el mismo efecto, pueden abocar a la posibilidad de serios accidentes a la par que embrutecen a quienes participan de tales actos.*

Entre las *ventajas*, que también tiene algunas, están:

1. *Su* inmediatez. *Entre la transgresión y la sanción media menos tiempo, lo cual parece eficaz.*
2. *Cabe asimismo considerar que el niño pequeño fantasea el castigo como un daño recibido en el cuerpo. Si este daño es moderado la realidad del mismo tiende a* reducir sus miedos *profundos, al comprobar que las respuestas no*

son tan temibles como habría imaginado que pudieran ser. Algunas escuelas psicológicas ven en el niño fantasías sádicas muy intensas que, proyectadas hacia fuera, dan lugar a miedos persecutorios terroríficos. En este sentido las respuestas moderadas decantan de peligrosidad tales fantasías, mientras que las extremas tienden a confirmarlas.

El mayor **peligro** del castigo físico está con relación a su *frecuencia.* En el caso de que los padres propinen en alguna ocasión un golpe, siempre hay tiempo para explicar al hijo o para que éste advierta qué conductas resultan intolerables para sus progenitores. Enseñar al niño en qué momentos y circunstancias los mayores pierden la calma es una buena medida para evitar que suceda.

Castigo verbal

La **riña** es una de las formas más usuales para dirigirse al niño. Con ella se le muestra el enojo por su conducta. Tiene, sin embargo, distintos matices que hemos de mostrar.

Pablo ha roto un jarrón jugando con la pelota en una habitación de su casa. La madre, muy enfurecida, le llama desobediente, desconsiderado, irresponsable, vago, idiota, desordenado y algunas cosas más que con un poco de imaginación todos alcanzamos a pensar. Cada uno de estos adjetivos tienen que ver con otras tantas manifestaciones de Pablo, inaceptables para sus padres. La riña prosigue, y con este motivo, le recuerdan los hechos concretos que justifican el porqué uno por uno de los adjetivos reseñados. Al cabo de un tiempo vuelve la calma. Pablo y su madre parecen más calmados aun cuando queden vivos los rescoldos del infierno que se desató por el percance.

La palabra, en este caso, ha sustituido a la acción, pues es posible que la madre de Pablo se hubiera sentido muy a gusto dándole unas cuantas bofetadas. La palabra no aparece como medio de comunicación, sino como sistema para vaciar de forma rápida el malestar que ha provocado la rotura del jarrón.

Generalmente, además de vaciar sobre el culpable la contrariedad o frustración que ha provocado, se le advierte acerca del futuro que le espera.

Frases como: «¡No servirás para nada!» «¡Quién te va a querer a ti!» «¡Serás siempre un bruto!» «¡No sé qué va a ser de ti!», o similares, caen sobre las espaldas del niño.

Es evidente que a veces los padres perdemos la paciencia, no siempre sin fundamento, y a veces también el niño entiende que nos ha irritado en exceso. Ni adultos ni menores toman al pie de la letra el significado del lenguaje utilizado. Estamos, pues, ante uno de los diversos episodios que en un marco de convivencia familiar se producen. Pero conviene que con calma, tomemos conciencia de ellos, pues su repetición abusiva puede degenerar en un sistema, no de comunicación, sino de intercambio de agresiones.

Otra manera de encarar los problemas es enfrentarse a ellos cuando sea preciso, haciendo uso de la censura, referida a aspectos parciales de la conducta del niño y que tengan relación con aquello que tenemos que reprobar.

Siguiendo el ejemplo de Pablo y el jarrón, se puede censurar la imprevisión, reclamar responsabilidades del daño efectuado, reafirmar normas para evitar que suceda algo parecido, relacionarlo con otros comportamientos inmediatos que exijan tomar postura global ante la situación que está planteando el menor, etc.

Mediante la censura se busca mostrar el disgusto personal, pero es muy importante que despierte sentimientos moderados de culpa. Si el niño se siente moderadamente culpable, al reproche externo se añadirá el de su propia conciencia moral y por ello surgirán deseos reparadores, tanto hacia sus padres como de su propia estima.

Si los sentimientos de culpa son abrumadores, la defensa que establecerá frente a su intolerancia, probablemente será el contraataque agresivo, de tal manera que, incapaz de incorporar y aceptar la fuerte censura, percible un ataque que viene de fuera en donde él representa el papel de víctima, con lo cual debe protegerse por cualquier medio.

Retirada de afecto

El «**no te quiero**» o la expresión hostil duradera acompañada de un marcado laconismo verbal, es decir, la expresión de manifiesta distancia emocional, constituye otra forma de castigo bastante usual.

Este tipo de comportamiento puede plantear problemas para el niño menor de cinco a seis años si se utiliza con frecuencia. A edades tempranas se asocia con facilidad el rechazo con el miedo a ser abandonado. Se activa, pues, la angustia de separación o de pérdida de los padres que en muchos niños es bastante marcada, aun cuando no medie en ello este tipo de castigos.

Entendemos que el pequeño debe saber que el cariño de sus padres es incondicional, lo cual no impide que le castiguen si es preciso.

Castigo relacionado con la falta

Siempre que sea posible, es buen criterio establecer relación entre castigo y falta.
Veamos algunos ejemplos:

Begoña rompe un frasco de esencia que manipulaba sin que su madre le hubiera dado permiso. Alguna vez fue advertida y, a pesar de ello, no hizo caso. La madre decide que pague de sus ahorros parte del importe del frasco.

Francisco, que se ha mostrado desidioso para ordenar su cuarto antes de acostarse, se encuentra con que no ha cumplido con esta tarea a la hora convenida. Al día siguiente y en previsión de que esto vuelva a ocurrir, los padres son más estrictos en el cumplimiento del horario y ha de irse a su habitación antes de lo habitual.

En ocasiones esta ley puede, no obstante, resultar contraproducente.

Inés, que come poco, ve que le ponen, como castigo, más cantidad de comida, con la exigencia de que deje el plato limpio. Lo normal es que se agudice la inhibición del apetito.

Pedro, que es muy ruidoso e inquieto, observa cómo día a día le restringen con mayor severidad su comportamiento. Probablemente aparezcan síntomas neuróticos a consecuencia de una demanda frente a la que el niño se siente impotente.

En esencia, la pretensión fundamental, es que el menor vaya progresivamente responsabilizándose de su conducta. Por lo tanto, es muy importante enfrentarle realista y moderadamente a las consecuencias de la misma.

Capítulo 5

Cuándo los castigos son inútiles y contraproducentes

A veces los niños evidencian síntomas que podemos calificar de neuróticos, lo cual no quiere decir ni mucho menos que estemos ante una anomalía en su desarrollo. Han de superar crisis propias del crecimiento o del proceso evolutivo y aparecen modos de conducta extraños, que funcionan como válvula de escape o, si se quiere, de seguridad, ya que pasajeramente el individuo no puede manejar de otra manera la tensión. En general, estas manifestaciones suelen alarmar a los padres o incomodarles, hasta el punto de que –incapaces para tolerarlas e impotentes para asumirlas de otra manera– reaccionan agresivamente contra el niño. Veamos algunas de ellas.

Dificultades en el sueño

Cuando un niño pasa por un período en el que le cuesta dormir, los padres pueden sentirse controlados en exceso y sin duda molestados con reiteración. Oye ruidos extraños, ve fantasmas, tiene calor, se levanta numerosas veces al baño, se presenta en la habitación de los padres diciendo que tiene miedo, etc. En la soledad de su cuarto se siente inseguro y percibe un mundo amenazante y hostil. Sus miedos y ansiedades afloran a la superficie y se ubican en el entorno con formas amenazantes. Son momentos en que la confianza en sí mismo es baja, no se siente como continente de contenidos valiosos. Si se le responde con gritos y amenazas o se le impone algún tipo de castigo, aumentará su angustia y con ello sus dificultades para conciliar el sueño. Será preciso que le tranquilicemos, que le podamos escuchar, que demos crédito a sus sentimientos, que aceptemos su miedo. No es necesario, sin embargo, sucumbir a su ansiedad dejándonos manipular hasta el extremo de que uno de los padres se ofrezca a dormir con él.

Problemas de alimentación

En el caso de que el niño manifieste menos apetito de lo usual, obligarle forzadamente a ingerir alimentos es la mejor manera de que el rechazo se convierta en fobia. Del mismo modo que sobre la oscuridad proyecta temores profundos, sobre los alimentos también proyecta significados de forma inconsciente y ajena a su voluntad, que los convierten en alimentos persecutorios. Además, el niño, como el adulto, tiene fluctuaciones del apetito que conviene respetar. El castigo en estos casos facilita la conflictualización de la comida.

Como norma general, no sólo válida para el caso que estamos tratando, se puede afirmar que cuanto más se carga un síntoma de ansiedad, en peores condiciones se pone al niño para manejar la situación.

Los tics

Éstos, cuando son evidentes, provocan inquietud y se asimilan a una mala costumbre. Sucede, a veces, que el niño, por el afán de ocultarlos, se pone especialmente rígido y controlado o adopta maniobras que tienen el efecto contrario al que perseguía, es decir, los hace más evidentes.

Obsesivizar la lucha contra el tic es una manera de inmovilizar gran cantidad de energía sin conseguir nada apreciable. En última instancia, una represión intensa da lugar frecuentemente a cambios en el carácter o manifestaciones menos aceptables.

Accidentes en el control de esfínteres

El niño no se hace pis en la cama porque sea descuidado o perezoso. Él mismo se avergüenza aunque externamente parezca indiferente. Reñir por algo de lo que no tiene responsabilidad alguna y frente a lo que se siente totalmente impotente no tiene sentido. El castigo en estos casos es una forma de devolver la inquietud que con sus síntomas provoca. Tampoco estamos afirmando que haya de adaptarse una postura forzada en la que le damos a entender que no nos importa, cuando la realidad es otra.

A través del cuerpo el niño expresa ansiedades que no puede manejar. No se trata de que los padres intenten averiguar algo que tampoco sabe el pequeño. Se trata sencillamente de que entiendan que detrás de tales manifestaciones hay problemas y que de un modo general, lo mejor es fortalecer y fortalecerse para tener mayor sensibilidad y disposición para comunicarse, utilizando las vicisitudes de la vida cotidiana. El hijo debe entender que no está solo, sino que cuenta con la proximidad no amenazante de sus padres.

Fobias

Las fobias son temores injustificados a objetos, seres o situaciones. Las manifestaciones fóbicas pueden ser muy variadas. Haciendo breve relación de ellas, nos encontramos con miedos fóbicos, por ejemplo a las olas, al fuego, a diversos tipos de animales, unos porque muerden, otros generalmente porque son viscosos o sucios, a personas (el caso más típico es al médico), a fantasmas, al contagio, a los espacios cerrados o abiertos, a la oscuridad, etc.

Las manifestaciones fóbicas suelen decrecer a medida que el niño va creciendo. Reconoce el carácter ilógico del miedo pero no puede desembarazarse de él. Obligarle a enfrentarse directamente con el objeto o situación que le desencadena la fobia no tiene eficacia alguna para liberarse.

Es preciso respetar las fobias que de no perturbar seriamente la adaptación, cumplen el papel de proteger frente a la angustia. Al ser ésta localizada en algo concreto, al menos mediante maniobras de evitación, se puede mantener alejado el peligro.

El castigo como válvula de escape del malestar del adulto

De forma consciente, ningún padre castiga por el hecho de que él mismo esté irritado o porque la falta cometida por el niño le recuerde sus propias faltas o carencias. Cuando éstas no están asumidas se tiende a verlas fuera y se actúa con respecto a ellas de forma especialmente severa.

Es bueno que el niño se percate de que, cuando sus progenitores están tensos, la tolerancia disminuye y la predisposición a castigar aumenta.

También es bueno que los padres tomen conciencia de que su tensión puede encontrar involuntariamente un modo de descarga usando como pretexto cualquier contrariedad de la vida familiar.

Con el fin de que el menor no soporte la carga adicional que suponen en ciertos casos los problemas del adulto (actuados en forma de sobrevigilancia, intolerancia, nerviosismo, etc.) conviene que éste se pregunte periódicamente el porqué de los sentimientos que le despiertan sus hijos.

En algunos casos le resultará abrumadora la atención que el niño le exige o se sentirá rechazado en sus intentos de control o excitado por las provocaciones o alterado por la expresión de rivalidad o herido en su amor propio por conductas que ponen en duda sus capacidades educativas o que disminuyen el orgullo narcisista con el que necesita vivir el hijo para él sentirse bien, o por la naturaleza específica de cualquier problema que le despierta especial ansiedad o sencillamente porque la carga de angustia que vive es muy alta y necesita sacarla.

Insistimos en que la resonancia que tienen en los padres las conductas de los hijos son muy variadas y dependen estrechamente del modo en que fueron educados. Los recursos que moviliza el adulto frente a los problemas que le plantea el menor, ponen de manifiesto su capacidad para afrontarlos. Por ello, tomar conciencia de esto, abre vía de aprovechamiento del proceso educativo y de beneficio del mismo con objeto de enriquecerse personalmente, lo cual repercute de forma muy directa en las posibilidades de ayuda hacia el menor.

Así pues, volver a encontrarse con las vicisitudes del crecimiento del niño desde la perspectiva de adulto y con la experiencia que ello comporta, refuerza el interés hacia la educación como un proyecto apasionante de vida en común.

Capítulo 6

Educación para la salud mental

En torno al concepto de salud mental queremos sintetizar lo esencial de cuanto llevamos expuesto.

Vamos a entender por salud mental, la *capacidad de un sujeto para establecer relaciones humanas de calidad, así como mantener una actividad constructiva generadora de bienestar psíquico.*

Si bien cualquier hecho educativo es susceptible de ser considerado en términos de salud mental, nos referiremos únicamente a aquello que constituye la columna vertebral de la misma.

La primera precisión que hemos de hacer o recordar es que la educación no es un contenido de aprendizaje, no es una asignatura o un tipo de información sin más. Se puede formalizar en un escrito o en un discurso pero

sólo es transmisible a partir del contacto personal, mediante un quehacer común.

En el ámbito familiar, el quehacer común viene dado
por las múltiples vicisitudes de la vida cotidiana.
Así, por ejemplo, con el pretexto de enseñar a comportarse, se
entablan relaciones en las que adulto y niño se muestran con sus
valores y sus carencias.

¿En qué consiste sustancialmente la educación para la
salud mental?

La adolescencia

Tomaremos como punto de referencia un momento
del desarrollo evolutivo muy interesante por su capacidad evocadora de lo logrado en épocas anteriores.

Es por otra parte, un momento en el que se producen
importantes procesos de individualización, de establecimiento de un sentimiento de identidad, base de toda
autonomía.

Además, en este momento crucial del educando se
hace sentir de forma especial.

Nos estamos refiriendo a la *adolescencia.*

Nuestra sociedad se inquieta y es especialmente sensible ante algunas manifestaciones del adolescente en las
que éste se muestra en situación límite. En ella fracasan
sus recursos adaptativos y amenaza con naufragar totalmente. Aparecen cuadros graves que van desde tentati-
vas de suicidio, drogodependencias, fugas o delincuencia
repetida, hasta estados de enojo o de agitación crónicos
o multiplicación de fracasos o accidentes.

¿Cuál es el denominador común a toda esta situación?
¿Qué se aprecia en el adolescente que vive momentos
críticos?

Pensamos que la respuesta es el hundimiento narcisista o, si se quiere, en términos más usuales, un fuerte proceso de desmoralización, de desvalorización, de pérdida en definitiva de autoestima.

Teniendo en cuenta lo que acabamos de escribir, pensamos que la contribución fundamental de la educación para la salud mental es precisamente crear un núcleo sólido de autoestima que permanezca y sobreviva a las vicisitudes de la vida por desfavorables que sean en un período determinado de ella. Ahora bien, para interiorizar un sentimiento básico de confianza y seguridad, son precisos padres y también profesores con quienes establezcan vínculos estables y de calidad.

¿Qué entendemos por vínculos estables y de calidad?

1. Que las personas con función educativa permanezcan no sólo sin grandes y extremos cambios, sino que además no pierdan fácilmente la calma ante:

   - *la expresión de las ambivalencias; el hijo manifiesta no sólo amor sino hostilidad;*
   - *expresión de tensiones; el niño necesita que alguien se haga cargo de su malestar cuando éste le desborda; para ello atribuye intenciones persecutorias u hostiles y espera que alguien actúe como continente de las mismas; los conflictos, muchas veces, son una manera de manejar fuera lo que dentro de él resulta inmanejable.*

2. Que las personas con función educativa no actúen como amplificador de las ansiedades infantiles; es decir, que siempre que puedan

contengan y devuelvan una imagen más tranquilizadora de la peligrosidad con que a veces siente el niño sus propios contenidos emocionales, tales como miedos, deseos, actitudes pasivas, rechazos, odio, etc. El adulto debe tratar de no perder la calma habitualmente ante los problemas.

3. Por último, que las personas con función educativa no se sometan indiscriminadamente a las demandas inmediatas del niño y ejerzan su autoridad sin estridencias, poniendo límites y brindando posibilidades de acción diversificada, lo cual es el fundamento de las enseñanzas que hemos de darle.

Unos padres relajados se comunican mejor y tienen mayor capacidad para identificarse con las necesidades del niño sabiendo hasta dónde pueden llegar con sus demandas educativas.

Bibliografía

BERGERET, L.: *El niño que no quiere ir al colegio.* Narcea, Madrid, 1982.

BRIGGS, D. C.: *El niño feliz.* Gedisa, Barcelona, 1975.

ELIUN, F.: *El niño y la sociedad.* Paidós, Buenos Aires, 1964.

HOVASSE, C.: *Cómo educar a los niños en la libertad.* Fontanella, Barcelona, 3ª ed., 1970.

KOBEL, M.: *Infancia, adolescencia y familia.* Granica, Buenos Aires, 1973.

MARTÍNEZ, B.: *La ayuda psicopedagógica, compensatoria de carencias ambientales.* Narcea, Madrid, 1986.

PEINE, H., y HOWARTH, R.: *Padres e hijos. Problemas cotidianos de conducta.* Pablo del Río, Madrid, 1979.

PETIT, C.: *El diálogo entre padres e hijos.* Martínez Roca, Barcelona, 1974.

POROT, M.: *La infancia y el niño.* Planeta, Barcelona, 11ª ed., 1980.

RIESGO, L. y PABLO, C.: *Infancia y educación familiar.* Narcea, Madrid, 1985.

SPOCK, D.: *Tu lujo.* Daimon, Madrid, 1985.

WINN, R. B.: *El desarrollo y la educación del niño.* Paidós, Buenos Aires, 1966.

YAIKIN, F.: *Problemas normales de la conducta infantil.* Nuestra Cultura, Madrid, 1981.

D19/E1/R1/02
Esta edición se terminó de imprimir en abril de 2002. Publicada
por ALFAOMEGA GRUPO EDITOR, S.A. de C.V. Apartado
Postal 73-267, 03311, México, D.F. La impresión se realizó en
R.L. PUBLICIDAD, S.A. de C.V. Calle 5 de Febrero No. 546,
Col. Alamos, 03400, México, D. F.